o livro das impermanências

O livro das impermanências

GABRIEL ARAGÃO

LETRAMENTO

Copyright © 2021 by Editora Letramento
Copyright © 2021 by Gabriel Aragão

Diretor Editorial | Gustavo Abreu
Diretor Administrativo | Júnior Gaudereto
Diretor Financeiro | Cláudio Macedo
Logística | Vinícius Santiago
Comunicação e Marketing | Giulia Staar
Assistente de Marketing | Carolina Pires
Assistente Editorial | Matteos Moreno e Sarah Júlia Guerra
Designer Editorial | Gustavo Zeferino e Luís Otávio Ferreira
Primeira revisão | Thereza Christina Rocque da Motta
Preparação e revisão | Lorena Camilo
Ilustração da capa | La noche / An old paper collage made in 2011 ' 21x29,7cm por Hernan Paganini
Foto 3x4 | Felipe Kautz.

Todos os direitos reservados.
Não é permitida a reprodução desta obra sem
aprovação do Grupo Editorial Letramento.

Dados Internacionais de Catalogação na Publicação (CIP) de acordo com ISBD

A6591	Aragão, Gabriel
	O livro das impermanências / Gabriel Aragão. - Belo Horizonte, MG : Letramento, 2021.
	98 p. ; 14cm x 21cm.
	ISBN: 978-65-5932-125-4
	1. Literatura brasileira. 2. Poesia. I. Título.
2021-4408	CDD 869.1 CDU 821.134.3(81)-1

Elaborado por Odilio Hilario Moreira Junior - CRB-8/9949

Índice para catálogo sistemático:
1. Literatura brasileira : Poesia 869.1
2. Literatura brasileira : Poesia 821.134.3(81)-1

Belo Horizonte - MG
Rua Magnólia, 1086
Bairro Caiçara
CEP 30770-020
Fone 31 3327-5771
contato@editoraletramento.com.br
editoraletramento.com.br
casadodireito.com

Para Claudia, amanhã, ontem e, especialmente, agora.

ACHADOR

9	PREFÁCIO *Gregorio Duvivier*		38	O PIOR JÁ PASSOU MAIS UMA VEZ
11	CARTA AO LEITOR		39	RASCUNHOS
17	ANTES DE ENTRAR		40	AS INSTITUIÇÕES ESTÃO FUNCIONANDO NORMALMENTE
18	LIGAÇÃO			
19	O DIA QUE MEU PAI VINHA ME VISITAR		41	PÁSSARO DA MADRUGADA
21	JURAMENTO			
22	RUA DRAGÃO DO MAR		42	CAFÉ
			43	FERIDA ABERTA
23	CHACINA DO BENFICA		44	CASA DA SERRA
			45	POEMA PARA ENFERMEIROS
24	TOURO E ESCORPIÃO			
25	BILHETINHO		46	POEMA PARA ADVOGADOS
26	O POÇO			
27	DOMÉSTICO		47	NOVA POLÍTICA
28	PRESENÇA		48	APAGANDO INCÊNDIOS
29	O MILICIANO		49	RESILIÊNCIA
31	NADA DISSO CONHECI		50	POEMA DO ÓVNI
32	POEMA NEGRO		51	PIANO IN THE BACKGROUND
33	FUGA PARA O EGITO		54	12 DEGRAUS
34	ISSO É NORMAL PRA MIM		55	CANTO TRISTE DE UN PÁJARO NOCTURNO
35	FORRÓ E SANGUE		56	NULO
36	SOBRE O MAR		57	DOR FANTASMA

58	PALHAÇO NOSSO	74	BALADA DO LOCKDOWN
59	RESULTADO DE EXAME MÉDICO	75	FECHADOS COM A ESPERANÇA
60	DOAÇÃO VOLUNTÁRIA DE CORPO PARA ESTUDO DE ANATOMIA	76	DIÁRIO DO FIM DO MUNDO
		77	BORBOLETAS
61	EX	78	LAMBE-LAMBE
62	MARINHEIRO DO AR	79	TEU RETRATO SOBRE A MESA
64	NOVE MESES HOJE	80	NHÁ DIDI
66	CANTA PRA MIM	82	SHOPPING CENTER
67	PRA FORA	83	PENEIRA
68	POEMA DO ABRAÇO APERTADO	84	O ESCURO
		85	BULA DA TEIMOSIA
69	AUTÓPSIA DO POETA	86	O FUTURO
70	GENTILMENTE CEDIDO	87	PROCURA-SE ABRIGO
71	COM AMOR, MEU CASULO	88	NOT KIDS ANYMORE
72	MEME DO CAIXÃO	89	42
73	BERÇÁRIO	90	EXÍLIO DO QUIXADÁ
		96	AGRADECIMENTOS

PREFÁCIO

Que barato descobrir o Gabriel. Poesia numa hora dessas? Haja coragem pra exercer esse ofício em meio à pandemia, e ao pandemônio – o poema, esse inutensílio, parece sobrar em meio a tanta tragédia.

Mas a poesia do Gabriel me lembrou os versos políticos do Drummond – que também escrevia lindos versos de denúncia, talvez menos conhecidos, mas não menos fortes. Leminski e os marginais também deixaram sua marca: tem poema-piada, e uma poesia gostosa de ser dita em voz alta. Gosto sobretudo da música: folhagem não rima com telhas, nem com neblina, nem com bisbilhotar, mas no Casa da Serra, meu poema preferido, revelam-se palavras primas, irmanadas pela sonoridade de folha.

E assim Gabriel vai estabelecendo parentescos entre as palavras, congelando as impermanências que colhe pelo caminho. E pra isso serve esse ofício irrisório: pra que fique alguma coisa de tudo o aquilo que vai passar.

Gregorio Duvivier

CARTA AO LEITOR

Ilha Comprida, 4 de agosto de 2021

Uma saudade doida se instalou debaixo do meu peito esquerdo quando eu nasci, me acompanhando feito um adeus ambulante. Estive envolvido com as artes, e, por assim dizer, com o olhar poético, por toda a vida. Não foi algo planejado, nem considero talento: apenas fui interpretando os arredores desse jeito desde que me lembro.

Ao longo da fila, me sentia como se enxergasse pelos buracos de uma máscara enquanto ensinavam a enterrar sentimentos, mentir em nome de um bem maior, responder um "tudo bem, e você?" sem alma. Ou quando descobri que um jeito eficaz de desviar da multidão num metrô lotado em São Paulo era simplesmente não olhar nos olhos de ninguém.

Já quis ser desenhista e estudar Cinema, já quis programar games e cantar em uma banda de rock. Já quis ser escritor.

Na parede da memória tem uma foto minha escrevendo um poema de Dia das Mães. Eu devia ter uns seis ou sete, não sei. A maioria dos colegas entregou a tarefa inconcebível antes da aula acabar. Eu pedi pra levar pra casa e devolver no dia seguinte, pois senti que precisava contemplar aquilo sozinho. Horas e horas mirando fundo o abismo que é qualquer folha em branco até que um passarinho pousou perto e, num rasante, sobrevoou a minha caverna.

Escrevo esse texto enquanto gravo o clipe de *Toca o Barco*. Os diretores pediram uns *takes* comigo fingindo redigir à mão, à luz de lamparina, num chalezinho engraçado que achamos aqui em Ilha Comprida. Faz frio lá fora. Nesse meio tempo, a Editora sugeriu – enfaticamente – que seria legal que o autor destas páginas arrumasse umas linhas sobre essa história de "impermanências". Né? Faz sentido. Sendo o ator furreca que sou, junto o útil ao agradável aqui agora.

Depois de dez anos imersos na música popular *indie* com os Selvagens à Procura de Lei, minha banda, vejo como coincidência e com um quê de natural que meu primeiro livro surja nesse período tão alvoroçado da humanidade e, intensamente, do povo brasileiro.

Aqui existe uma série de versos antigos, datando de 2009 a 2011, quando eu dava partida na minha jornada pelo rock nacional. Era um cantinho de intimidade, onde eu me despia do roqueiro e era por inteiro. Outros poemas foram regados em 2018, num jejum intermitente entre penosas turnês. Em retrospecto, a sede de cantar sobre os descaminhos do País era imensa em mim, a que a poesia estendeu seus braços de vento.

Assim era minha produção: tímida, eu acho. Em 2020, após os shows cancelados do nosso lindo e natimorto disco *Paraíso Portátil* e de ver minguando todo o meticuloso planejamento, um monstro angustiado se deitou sobre o meu ombro.

Éramos eu, a Claudia e o bebê Nuno com pouco mais de seis meses em nosso apartamento com pequeninas frestas de céu azul - quando decide por azul o céu de SP.

Aos poucos, voltei a me alimentar. No meu cardápio dançavam Bandeira, Chacal, Solano Trindade, Cacaso. Ana Cristina Cesar e Paulo Leminski tinham um lugar especial na sala. Bertolt Brecht e Wislawa Szymborska tomavam um cafezinho no fim da tarde. Noémia de Sousa me arrepiou os pelos do braço. Billy Collins fez cócegas e Walt Whitman ofereceu um lenço. Ah, sim, meu herói gauche, Carlos Drummond de Andrade, o primeiro gole d'água das manhãs.

Resolvi batizar o elo dos três saltos de *O livro das impermanências*, pelo teor de rio, mutável, contínuo.

Minha busca pelo lugar do poeta no Brasil pandêmico não me levou a um porta-voz modesto ou pomposo de sentimentos da rua, menos ainda a um micro tradutor do cotidiano *hype*, mas à poesia como energético pra seguir o dia, como tática de sobrevivência nesses anos sinistros, ferramenta que atravessa a lente social e toca o que se encontra além... Ou puro relato de resistência. Esse é o meu.

Fraternalmente,

GA

ॐ †

ANTES DE ENTRAR

O poeta adverte:
eu não consigo
de outro jeito.
Apenas preciso.

Vá desculpando
a poesia bruta,
rouca, sacana,
abrupta, o poema
em língua profana,
mais pro azedo,
que não desce
fácil e diz
a que veio.

Perdoe a bagunça,
o bagaço, não escondo
(quase) nada debaixo
do tapete. Na sala,
a poeira é minha;
a casa, ela é sua.

De resto,
vocês já sabem
e eu repito:
apenas preciso.

LIGAÇÃO

Para Jeziel Liasch

A gente morre
lentamente nas
linhas de um post,
não necessariamente
quando a alma, após
um *haiku*, parte para
sempre, a gente morre
um pouco todo dia nos
teus prêmios na estante,
tuas batalhas decisivas, no
som cortês da tua crônica
milimetricamente anunciada
de trás para frente, na tua
insaciável fome, nos abraços
que aguardam os amantes, em
teus genes perambulando por
eras sem descanso, por mais de
mil fulanos que nem sequer — como
poderiam? — te chamam pelo nome.

O DIA QUE MEU PAI VINHA ME VISITAR

Era uma vez
quando eu não
morava em minha
própria casa. Então
a segunda e a terça
desembaraçavam um
nó que eu estranhava.
Aula de natação com a tia
na quarta, comemorando na
quinta menos um dia pra data
em que meu pai viria me visitar.

Havia um bom motivo, é
claro, mas no lento suplício,
um lar que não o nosso domicílio
era o mesmo que estar ao relento.

Toda capital tem um ímã e
toda criança carrega alguma
sina. Sei que se somaram séculos,
vidas passadas, maratonas de inverno,
ássanas profundos, polaroides, nasceram
constelações e retalhos no álbum da família.

Pulei carnavais,
desmontei presépios,
cantei os versos de **Flores Astrais**.
Baixei decretos, jurei
à bandeira que dali em diante não
mais juraria: o que não pudesse, eu
assumiria. Chorei sozinho no meio-fio,
sem companhia na hora do recreio,
esperando meu tio me buscar.
Aprendi a não temer o mar:

ele é indomável, mas pode
ser doce. Eu tinha cinco,
por sinal, e nada do
meu pai chegar.

Na sexta-feira, eu
queria apertá-lo, eu
queria dissecá-lo, eu
queria brincar até que
todos os pecados da
humanidade fossem
redimidos, porque um
pai esteve com seu filho.

Era sábado, eu cheirando à vingança,
ele dormindo. No quarto ao lado,
os tios beijavam meus primos com
perfumes e adesivos fosforescentes
de universos. Tudo voltaria ao normal
(eu suspirava) assim que meu pai
fosse embora naquele domingo.

JURAMENTO

Antes do galo cantar três vezes,
antes do lumiar sobre os corpos nus
dividindo um só cobertor de pele quente,
promete pra mim que nada vai mudar a gente.

Durante a pandemia
e a militância, o espelho
quebrado, o choro da criança,
a Casa Caiada, a intolerância,
a queda da bolsa e do que foi certo,
a voz que me resta e o reinado da mente,
promete pra mim que nada vai mudar a gente.

Depois do acordo de paz,
do fim da instância, de aberta
a caixa preta e a de Pandora, do
tapa na cara da crueldade, de quem
ri por último, da neblina dissipada e latente,
promete pra mim que nada vai mudar a gente.

Além deste solo,
deste abismo cavado
por unhas incontáveis, das
certezas daquela bandeira
e de qualquer fronteira, do
você queira ou não queira, da
vida varrida à força, da linha de
chegada, da aglomeração daqueles
vigentes, da cultivada fachada, do
lava-pés e da respiração consciente,
do perdão profundo, do corpo ausente,
do ficar neste mundo, do pra cima com tudo,
promete pra mim que nada vai mudar a gente.

RUA DRAGÃO DO MAR

flechou todo mundo na mesa,
deu duas palmadas na barriga:
tá vazio.

CHACINA DO BENFICA

A roda-viva
é testemunha
da chacina
do Benfica.

Foram três tiros
secos antes do
baque no chão preto.

Depois vieram os gritos,
daí foram as cadeiras
arrastando. Houve pavor
e pressa nos passos
desumanos. Talvez
um copo quebrado, não sei.

Uma colega nunca esqueceu
(seus olhos brilhavam, não
de um jeito apaixonado)
do morto, seu reflexo nos óculos
do morto, da boca povoada de dentes
do morto, do sangue de filme pastelão
do morto, e do momento preciso em que
a alma deixa o corpo.

TOURO E ESCORPIÃO

rodei tua ciranda
de entontecer leão
foi tanto fetiche
nenhuma caretice
pôde nos conter
minha gravidade
acompanhando
teu centro nervoso
minha poesia
pólen de caju
ao vento.

BILHETINHO

querido(a)
minha vida — amor meu
grande, demais
desejos
de paz
saúde
sucesso
(tudo de bem bom).

o aluguel tá atrasado
a farmácia deu caro
o cachorro morreu
como diria ramalho
ê ô ô vida de gado
muita boa sorte
no vale da amargura
deus te abençoe
e também nos acuda.

manda aquele
abraço apertado
pra esposa
os meninos
e um pro jair
eu não quero
nada emprestado
sei como andam
as coisas por aí
vamo simbora
a gente se fala
tamo junto por hora
amanhã pode ser
cada um por si.

O POÇO

num poço lento, escuro e profundo
dentro de você
encontra-se uma paz
que não pode cortar os pulsos
pois é feita de cais
e cada sentimento que lá aporta
e de lá sai
regressa à margem inevitável
com uma esperança
que não é dessas de reza
das pessoas que fazem sala
traduzir-se-ia melhor
se fosse tão somente uma palavra
semelhante à teimosia.

DOMÉSTICO

Lavar a louça
como quem rega
uma planta chocha.

Estender a roupa
como quem deixa
assunto pela metade.

Limpar o banheiro
como quem pressente
o Diabo no espelho.

Varrer o chão de casa
como quem espanta
uma tara, do tipo que
nunca tarda.

E enfim fazer a cama
como quem, mesmo sem
grana, fodido, na lama,
ainda por cima, diz que
se ama.

PRESENÇA

Nada nos finca
tanto os pés   ausentes
quanto ciceronear
o primeiro encontro
de uma criança com o mar.

O MILICIANO

É um sujeito baixo,
mais baixo que o chão.
Percorre esgotos, ossadas,
avenidas a largos passos.
Na Barra, despreza, ri, posterga.
Tem as palmas sujas
de sangue e graxa.
Assassina a rogo,
assina o Diabo.
Mascarado, cuspiu fogo;
covarde, caiu na balada.
Bebeu leite no fio da navalha.
Eleito, ovacionado
pela Sociedade
Acadêmica das Dores,
cruzou a linha lá atrás,
organizando churrasco.
Adormece de barriga cheia
em piscina de ratos.
Cobrador de impostos,
canta no coral da igreja
aos domingos, na missa das onze.
Veste a camisa de todos os times,
pois não entende profundamente
o que é futebol.
Invade banco, pendura medalha.
No Evangelho, escolhe seu lado:
— Solte Barrabás!
Matou um tanto
de causas naturais;
de joelho branco
em pescoço negro:
— *I can't breathe... Mama! Mama!*

As primeiras e as últimas palavras
de qualquer ser humano:
Mama... Mama...
Porque a cidade
escusou o medo
de seu coração,
a surpresa,
a violenta emoção,
mordeu a mão
que o alimentava,
sabotou protesto,
xingou jornalista,
fechou o Congresso.
Aplausos,
gritos de ordem;
vuvuzelas, microfonias,
bombas de efeito moral, gás
lacrimogêneo, cacetetes, gritos
de ordem — luzes se apagam sob
os aplausos, os aplausos, os aplausos.
Catequista do ódio,
pessoinha vil,
presença confirmada
no escritório;
figurinha carimbada,
herói do Brazil.

NADA DISSO CONHECI

Preconceito racial,
guerras nefastas,
navios negreiros,
genocídio em massa.
— Nada disso conheci.

Violência doméstica,
abuso sexual,
gravidez indesejada,
agressão verbal.
— Nada disso conheci.

Dormir em cama de asfalto
enrolado no trapo, sem teto.
Temer a bala que come por perto.
Abandono, fome, falta de carinho,
doença severa, condição adversa.
Não me orgulha, abaixo assino:
— Nada disso conheci.

Nada disso conheci,
por isso mesmo há pressa.
Pelo amor, me deixa ir.
A vida que não vivi,
a empatia liberta.
Me empresta teus olhos,
me toca, me rega.

POEMA NEGRO

com a consciência
do outro,
paciência;
com a intolerância,
meus pêsames.

FUGA PARA O EGITO

De São Paulo até a praia,
esquivando à moda antiga
feito Jesus, José e Maria;
agora, finalmente assentados,
agrupo o murmúrio de ventos,
a lambança das ondas,
o roçar de coqueiros:
nada é mais valioso,
este é o momento.

Fortaleza, 2020

ISSO É NORMAL PRA MIM

Escrever depois
que dormem os convidados,
quando a Musa sai para dançar
entre parênteses, sem retorno,
objetivo predefinido
ou consolo financeiro.

Sentar
até que as costas
emborquem
e que a bunda reclame
seu lugar ao sol.

Digitar, tocar
mesmo estando
a ponta dos dedos
em carne viva ou
cascão anestesiado,
onde lobo do mar nenhum
possa, ao apanhar minhas palmas,
diferenciar os calos da arte
das de um jangadeiro comum.

FORRÓ E SANGUE

Ó, corpo que morre no Papicu:
o galope das motos,
teu último suspiro,
o tombo quieto no escuro,
boneco vodu.

Fumaça já não respiras
nem tomas parte ou coisa alguma
nesta matinada latida.
És ventania de mexer cortinas, nada mais.

Ainda assim, posso sentir,
ao longe, a pulsação.
Escuta: forró e sangue.

SOBRE O MAR

Tenho escrito
sobre o mar
enquanto
políticos
debatem
antropofagia.
Eu imagino a
brincadeira
das ondas,
mesmo as
mais violentas,
inocentes da
força que têm,
enquanto a fama
anuncia a moda da
quarentena. Depois,
caminhar. Da Praia do
Futuro até a Sabiaguaba,
onde os raios ultravioleta me
abençoarão a pele amarelada.
Nunca soube o que responder em
pesquisas no item "raça". Enquanto
isso, youtubers sobem vídeos, band-
aids antitédio. Cada colherada de açaí
gela meu corpo de vigor ancestral. Eu
e a maresia somos irmãos. Enquanto
haters, fakes e trolls seguem
cultuando a semente do
mal. Chegando em
casa, uma ducha
morna e doce.
Troco a pele —
vermelha,
pálida,
rosa,

ou
negra. Enquanto jornalistas atualizam os dados para a massa, a brisa sussurra: Ei, eu também não tenho raça.

O PIOR JÁ PASSOU MAIS UMA VEZ

Quando tudo passou,
topei com a História perdida na rua.
Mapa nas mãos, chapéu-panamá,
chinela havaiana, binóculos e bermuda cáqui.
Sustentava uma linda bebê colorida
num sling que combinava
com sua camisa florida.
— Com licença, onde estamos?
— No fundo do poço, minha senhora.
— Impossível...
Disparou pragmática.
— ... foi de lá que eu vim.

RASCUNHOS

Na lousa branca,
os objetivos têm
pés
    de
        vento.

Nacos, fagulhas, retalhos
à espera do sol da manhã
ou de horizonte distante.

Encubados por hora,
momentos sem sopro divino
nascem à beira da morte.
Convivem pouco, logo dormem.
Perdem prazos, rascunhos cansados,
velhos resistentes de planejamento ausente.

Apagam, encarnam, regressam.

Porém, os que ficam,
esses, sim, não num mal sentido,
são meus anjos caídos,
da lousa para a aventura
humana na Terra.

AS INSTITUIÇÕES ESTÃO FUNCIONANDO NORMALMENTE

Levanto por volta das oito:
o jornal calcula os mortos.
Esquento água na panela
que ontem foi panelaço.

Todos tomaram notas
nos últimos comentários
do Presidente da República:
A ordem dos advogados,
um corpo docente,
um olavista amargurado,
um crente de bermuda,
os setenta por cento
dormente.

A água borbulha
a panela tensa.
Bom dia, Brasil:
coragem, hoje é
qualquer-feira;
vida que segue,
minha gente.

Desligo a TV,
são nove em ponto;
as instituições
estão funcionando
normalmente.
O mundo girou
e o meu café
continua quente.

PÁSSARO DA MADRUGADA

Quem desperta o galo
que acorda o povoado é
o pássaro da madrugada.
Ave paulistana sem sono,
soante delivery, de copa
em copa, pontualmente
às três e meia me aborda.

Sei que antigos são os galos e
que os homens seguem calados.
Contudo, há um bichinho alado
na hora sombria, suavemente
pousado, abduzindo insônia,
tédio, um qualquer diabo.

Pássaro da madrugada,
pra onde vais?
Tu não tens fome?
Tu sabes onde?
Fica um pouco mais
que a manhã é triste
e a noite foi longa.
A notícia persiste,
inalo pelas beiradas.
Ignorante de apelos,
é torpe, desmata.

Passarinho da alvorada,
a pauta que nos sacode
carrega no embalo antes
que o Brasil acorde.

CAFÉ

ela é meu café
nos dias de sim
me põe de pé
saio pra trabalhar
a cabeça avessa
volta em chamas
nos dias de não
lhe narro na cama
a hierarquia dos dramas
durmo ateu
mas acordo com fé
ela é meu café.

FERIDA ABERTA

nunca cicatrizou direito
acho que ainda mora
no lado esquerdo do peito.

CASA DA SERRA

Ali — onde a folhagem sussurra o dia
inteiro, e a neblina beija os tijolos de
quem acorda mais cedo, e as lágrimas
do céu confessam segredos terrosos, e
os besouros são loucos, e as telhas te
chamam sorrateiras para bisbilhotar um
facho das nádegas da Lua, e as redes se
espreguiçam pela varanda, e os felinos
podem caçar, e os cachorros podem se dar
irresponsabilidades, e a água é quase
barrenta, e minha persona torna-se uma
com a ventania, e as asas se abrem num
leque engenhoso, e a pressa não é inimiga,
posto que não se tem ponteiros — eu quero
estar a sete palmos. Não há naquele dicionário
um só grito de guerra. Há apenas luz,
e há trevas.

POEMA PARA ENFERMEIROS

Na enfermaria,
sobra poesia:
olho no olho,
sangue é sangue,
Maria, Maria.

Todo enfermeiro
engendra em si
o jeito, o motor
de enxergar além:

o paciente
é o amor
na vida
de alguém.

POEMA PARA ADVOGADOS

"[...] o direito é a matemática das letras."
a linha reta de cada curva
o que prova não apenas que a justiça é cega,
mas que também é surda.

nos rostos estudantes — a pergunta frenética
embora meus rostos
não perguntem nada.

amigos, eu vi o processo e ele é prato
que digerimos farto e calculado
quem se traja de preto
ou mente ou é batente
na escola do abstrato
— a justiça, doutores, está serpente.

ternos não são eternos.

NOVA POLÍTICA

Antigos
sedutores
de fala macia
rejuvenescidos
em banho-maria.

APAGANDO INCÊNDIOS

a gente apalpa o destino
com tanto carinho
pra depois o danado
nem sentar ao lado

você já tomou banho
na praia do futuro e
deixou a onda te acertar?

o passado glamoroso
o remorso desse povo
um museu em chamas
vira tudo conversa de bar.

São Paulo, 2018

RESILIÊNCIA

perdoa
doa a quem doer.

POEMA DO ÓVNI

nessa altura
do campeonato
qualquer ufo
é motivo de ufa.

PIANO IN THE BACKGROUND

No vaivém antirrotina,
fez-se fenda para atear fogo
no palo santo, à meia-luz do abajur árabe
(que foi presente de casamento),
no quartinho apertado sem corrente de ar
(é tudo o que tenho),
e, finalmente,
sentar.

Um gole de algo morno
e descolo a playlist amiga
que às vezes me vela um cochilo
e que uns definem por lounge,
outros de piano in the background.

Instantâneo feito trauma recente:
me enrijeço na postura;
os antebraços firmam-se;
pulsos relaxados, porém, atentos;
movimentos militares e
dedos curvados
desenham um "C"
em cada mão.

De-va-gar,
é o fantasma do Professor Milton,
cada sílaba valendo um tapinha
no ombro. Guarda um ouvido
para os meus erros de digitação,
o outro veleja melodias ocultas
em partituras bilíngues.
Cedo ou tarde, sua coleção de
relógios antigos raros
indicará: mais
uma hora
se foi.

Tique-taque
o metrônomo bate
num lento
num rápido
embate.
Meu irmão na sala
mal iluminada e mofada
(pescando)
espera sem pressa
sua vez na sala.

No concerto de fim de ano,
no Theatro José de Alencar,
fraquejei ao vivo.
Nunca fui bom em decoreba,
resposta certa de gabarito,
embora muito se valorize
esse tipo de homem exaurido.

O irmão virou padre.
Eu estou aqui contigo.
Imagino o Professor Milton
ainda na casa sombria.
Certa vez, revelou:
"Sabe quem foi meu aluno
mais novo? Tu, rapaz!", e que
se eu tivesse seguido
com disciplina
(bastante)
se eu tivesse dado
tudo de mim
(tudo mesmo)
hoje seria — praticamente
sem dúvida — um grande
pianista cearense.

Teria bolsa de estudos

em Heidelberg.
Ovacionado no concerto
de galante centenário.
Excursionado pela Europa
com superdotados.
Antes dos trinta e poucos
e de tudo o que com eles vem no retorno.
Teria, teria.

Contou isso contemplando a noite
de Fortaleza, no meio de uma semibreve.
E pensei serem dele aqueles *teria*.
E fui embora com minha vida.
E dou tudo de mim e sou grato
pela aventura, pela poesia.

É tarde agora.
Os vizinhos dormem.
Eu, de ouvido ligado
numa criatura ao piano
tocando de um jeito
que não ouso explicar.

Deus fez o homem do barro,
o homem faz arte do acaso.

Eu e meu professor
estamos conectados.

12 DEGRAUS

o impossível
   é uma escada
      de degraus livres
         misterioso, relativo
            assusta e ilumina
               nada intransponível
                  o futuro é um rio
                     está sempre no cio
                        pra quem bate asas
                           de redenção
                             fronteiras não passam
                                de risco no chão.

CANTO TRISTE DE UN PÁJARO NOCTURNO

No primeiro dia,
tu me deste asas.
Viver era simples:
a gente se amava.

Do segundo ao quinto,
tu me deste comida e água.
Éramos, sobretudo, conforto:
a gente se alcançava.

Ao romper o sexto,
tu me presenteaste
uma gaiola de prata.
Quem a gente enganava?

Hoje faz um ano
desde o sétimo dia
em que abriste a trava
como quem nada quer.

Salto de galho em galho,
assobiando a noitada:
Meu amor bola de neve!
Meu amor fogo de palha!

NULO

anulem meu grito
eu não me anulo
joguem pro alto
navio naufragado
estanquem o sangue
das veias abertas
protejam, protejam
o castelo de areia
ou chutem o balde
deixando o rastro
desta miséria
de cabeça pra baixo
tantas cartas marcadas
notícias tragadas
que não
de novo não
ninguém vai anular
meu coração.

DOR FANTASMA

são cinco e meia — a alma coça
atmosfera pesada
cinza: cor de SP
primavera gelada.

a rua calma, pelo menos
os bem-te-vis solfejam
um bebê chorando longe
é de rasgar o firmamento
as pessoas se olham
se traduzem, se calam
mesmo estando o pescoço
preso à correia
aqui tudo é espelho um do outro
o amor ainda reina.

subo ladeiras, quantas mais?
e como explicar essa saudade?
as histórias dos livros de história
quem as escreveu?
e essa dor fantasma?
mistura de impotência com estar grato
me sacode contra a parede:
— de que lado?

eu compreendo o alvoroço,
o escárnio,
a vingança, o oportunismo,
a distração,
mas eu me ligo mesmo
é na lágrima.

São Paulo, outubro de 2018

PALHAÇO NOSSO

Palhaço Nosso de cada dia,
recolhe teus dentes de nutrir
calvários, hoje nos dai menos
um doente. Bestificado sede o
vosso intermitente colapso.

Atiçador-Geral da República,
parteiro de memes, és
talvez o rio azedo
sob este rafting
dormente.

Palhaço Nosso que estais ao léu,
o riso está rijo. Dobra a esquina do
esgoto da inveja — chega de cicuta
no café da manhã! — e nos poupa o
discurso de umbigo, Ó Leviatã!

Palhaço moroso que emergiu do
Mar Morto, teu nome é vaia que
não dura pouco. Terrivelmente sem
boca, dispersa Jerusalém. Canalha!
Covarde! — os sinos troarão. Venha
a nós o vosso deixo antes da fita de
tua queda infinita. Grande será o dia!
Amém.

RESULTADO DE EXAME MÉDICO

Pegou o estetoscópio,
auscultou meu coração:
— Aqui dói?
Sim.
— E aqui?
Sim, sim.
— Mais ou menos?
Doutor, tudo dói.

Ergueu as sobrancelhas,
prendeu a respiração
e me prescreveu
remédio pra hemorragia.

Vou ficar bem?
— Não se preocupe:
é só poesia
e um pouco
de sangue
também.

DOAÇÃO VOLUNTÁRIA DE CORPO PARA ESTUDO DE ANATOMIA

banho
de
gato.

EX

Nosso beijo foi
patrimônio público,
de tão quente e anti-
pudico, arrastou eu te
amo, calcinha, arame
farpado, pisoteou sem
respeito meu sagrado
tatame, engoliu farra
e fome, abrupto e
sem desmame,
nosso beijo
causou um
tsuna-
mi.

MARINHEIRO DO AR

Lança o anzol
onde apontar
a intuição;
ele que tem
o signo do vento leste,
brincos de gelo
e isca em forma
de nuvem.

Atento às
preocupantes,
seríssimas coisas
vagantes no céu,
dá linha, puxa.

O porvir morde,
um raio descarga;
tem vezes que assusta,
às vezes, empaca.
Tudo é pescaria,
sobretudo,
a espera
calada.

Desentende a alcunha
de aventureiro,
seu paradeiro
é ir pra voltar.

Surfista de sopros,
encosta a jangada
bem de levinho,
que agora é tarde.

Seus filhos felizes

em volta da mesa:
marinheiro do ar
trouxe o amanhã
para o jantar.

NOVE MESES HOJE

Pro Nuno

Por uma mísera letrinha,
eu não te conto que teu
nome se escreve nono.
O que seria no mínimo
engraçado ser dono
de um escorrego
tão desleixado.

Noves meses hoje,
às nove horas da noite,
então. Dezoito contando
por dentro e por fora. Luz e
sombra, inverno e verão eterno,
frescor e fluidos corporais.

Disque nove para falar com um
de nossos atendentes. Gostaria
de participar da pesquisa de
satisfação? De zero a dez, como
a vida tem te velado? Entre o choro e
a risada, comidinhas e fraldas molhadas,
cite um ou mais exemplos dos irrestritos
tipos de dor. Muito bem. Dor de parto
é um. E a prometida dor de dente também.

(Porque será que não consigo
evitar a comparação desse teu
divisor de águas rasas com a
famigerada data de 12/12/12,
que só voltará a nos assombrar
em milenares encarnações?)

Mas, falando sério: nove meses, cara.

Um ciclo se encerra de portas abertas
para o que vem depois. Fim de festa pra
uns, conforme a numerologia. Quem disse
que o show não pode parar não ganhava o
pão com poesia, eu presumo.

Triplo de três. Matemática de absolutos
e relativos. O "i" e o "x" assinando a comunhão
dos bens humanos e a paz mundial. Números são
meros visitantes de versos, mas 3, 6 e 9 moldam a
chave do universo. Havia nove cavaleiros templários
e nove anéis foram dados à raça dos homens.

Nona é a sinfonia de Beethoven mais venerada
pelo seu bisavô. Nove minutos é tudo que leva
pra passar vergonha a seu favor num karaokê
zoado na Zona Sul de São Paulo, interpretando
Faroeste Caboclo e miseravelmente falhando,
é claro.

Wish You Were Here é
o nono disco do Pink
Floyd, você sabia?
Nove álbuns de estúdio
cem por cento autorais
pelos Beatles. Sim,
eu contei. "Number
nine... Number nine..."

O nove é lindo
e cai em você
feito tecido fino.
Coisinha fofa e
danada que me
acordará esta
madrugada.

CANTA PRA MIM

Eu vim para cantar a curva do tempo
e ocupar o espaço entre olhares de estranhos.
Eu vim para montar palavras
que rimem com outras formas de vida,
como peças de Lego grudadas
em modo aleatório, aparentemente.

Eu vim para cantar: me fito no espelho.
Canto e ergo o véu de minhas faces.
Cantarei o medo, que o canto é o cerco do medo.
"Não ficará pedra sobre pedra", eu canto
à espera da voz sincera,
sem boca, maquiagem.

Eu vim para cantar o canto de quem lê agora
num cubo retrancado, na rua, apressado.
Eu vim para cantar a alma repetente;
canto a mulher, o homem, o sagrado,
canto quem ainda não tenha nome.
Quem dera cantasse: não há desafetos,
apenas ficamos temporariamente cegos.

Canto em doses homeopáticas
a fim de evitar (leia-se postergar) enlouquecimentos.
Meu canto é uivo: à noite, clareia.
Canto para mim, que assim fica honesto,
neste oceano de tudo encostar:
as ilhas, as portas, a verdade oposta.

Canta pra mim,
não consultes a morte.
Eu estou bem aqui.
Canta pra mim.

PRA FORA

tem quem escreve
como se vomitasse a alma
há quem psicografe
talvez refluxo
ou toque de Deus
não importa
escreva

POEMA DO ABRAÇO APERTADO

conheço pessoas de abraço apertado
praticantes de jiu-jitsu mental
sufocam por oxigênio
imobilizam de tanto amar
feito aparelho nas costas
que te estreita o torso
te trava, te dobra
e te tira de louco
e te faz ranger:
— doido é você.

AUTÓPSIA DO POETA

após o reconhecimento da família,
na sala de necropsia:
"um coração
cheio de amor
(e rebeldia)
que não resistiu
aos detalhes
do dia a dia."

GENTILMENTE CEDIDO

O artista é um jogador,
cujos dados, menos lépidos,
rolam num ritmo próprio
sem dolorosos antes
ou remotos depois
é "morro porque não morro"
como fosse religioso
a coragem pra fugir
e o medo de ficar
de vez em quando o nunca
o sempre, às vezes,
mas, sobretudo,
o talvez.

COM AMOR, MEU CASULO

Todo Batman
que se preze
tem sua caverna.

Toda banda
de vergonha
ensaia na garagem.

Todo tatu
senhor do seu nariz
reina em uma toquinha.

Todo escritor
habita um casulo.
Entra sem um puto
e sai batendo
asas de amor.

MEME DO CAIXÃO

Quando a Democracia
finalmente morreu,
ninguém foi culpado.
Simplesmente
a eutanásia
"aconteceu".

Não houve velório,
paralisação, choro,
missa de corpo presente.

Não me recordo
discursos acalorados,
best-sellers em retrospecto,
funeral de elefantes brancos.

Não se ouviu tocar
os sinos da catedral,
nenhuma autoridade
se pronunciou
exaustivamente
no *Jornal Nacional*.

Na verdade,
jazia um lindo dia,
como se a Mãe Natureza
reescrevesse a palavra
ironia.

BERÇÁRIO

a vida pós está entre nós
já é após para uns
mora na poesia do o que poderia
ou do tudo outra vez
a vida pós se pega no ar de tão espessa
fruto da nossa cabeça
política demais, tratados de paz
a vida pós deu um passo atrás
reivindicando o útero
sobrevivendo à base de luto
esfomeada de amor
antes da vida pós viver era farto
até ela entrar em trabalho de parto
sacudiu emprego, causou desespero
quebrou espelho, juntou os cacos
na contração pisou fundo
chamaram "maluca!", mas era apenas natural
a vida pós é agora nosso gemido
viver num improviso
o mundo novo abre cortinas
pousando em berço de dor
na manjedoura que houver
já ouço seu grito
se é menina ou menino
não sei dizer
atende por futuro
vem sem raça, bandeira, armário, muros
bem menos do que a gente sabe conceber
nos fita fundo e atiça:
qual de vocês vai me colher?

BALADA DO LOCKDOWN

Nada contra um bom dia após o outro
dia após o dia após o outro
após o outro e o outro
após o outro.

Farejo os sons e as feridas da tarde: sirenes,
suspiros, banhos de sol. Alguém na quadra
faz embaixadinha após reassistir à final
da Copa de 2002. Panelas protestam, punhos
se fecham. Uma viatura para, observa, espera.
Há uma risada distante e uma trilha rasante.
Há uma folha desgarrada que me afronta com
sua aura pacífica e ensurdecedora.
Há o presidente,
o noticiário,
os doentes.

Da meia-noite em diante,
até onde me lembro,
a escuridão já era lockdown.
Em verdade, aterrissamos
e desvivemos sós.
Quem é de rua
é desabrigado.
Quem é de casa
é desobrigado.

"Existe um abismo entre dividir a cela
e ir pra solitária", diz um ex-presidiário.
A privação vale pra ambos, mas muda tudo
estar acompanhado.

FECHADOS COM A ESPERANÇA

A esperança não quer sair do quarto.

Já abrimos janela, jogamos bolinhas,
botamos o ventilador no três.

A esperança,
camuflada em verde molde
patinhas e antenas,
mostrou-se verdadeira
parceira de quarentena.

DIÁRIO DO FIM DO MUNDO

Desce,
que o mundo
é mundo.

Cada mísero segundo
enterra mais fundo
um qualquer Raimundo
de volta e sem rumo
ao seio do submundo.

E nós aqui assistindo, de camarote.

BORBOLETAS

quem sabe
a vida seja
nada mais
que transmutação:
nosso corpo, casulo da alma.

LAMBE-LAMBE

Rala peito bota defeito pula fora aqui agora conta vantagem siga viagem seja você pergunta por quê? corta caminho passa batido chuta o balde desliga o alarme vai vendo o mistério defenda o Império mete o pé esquece o José decora o hino pague seu dízimo afogue o ganso enterre esse ranço espere a pancada não força a barra vira a mesa sacuda a poeira tira o atraso quebre a cara cave sua vala hasteie a bandeira beba cerveja derruba a casa lava essa alma se faz de doido ossos do ofício estado de choque queima de estoque senta na sombra devolve a amada terra de sapo briga de braço toma pela beirada herói nacional qual?

Greve geral.

TEU RETRATO SOBRE A MESA

A saudade justifica coisas
que o momento presente
simplesmente
                    não
              nos
        deixa
ver

NHÁ DIDI

Nhá Didi,
minha mãe, a bença!
Boi da cara branca!
Pega esse menino, boi da cara branca!

Nhá Didi,
veste meu calção, me espera na porta do banheiro
apronta um lanche, leite, chocolate
passa a roupa, passa a roupa, passa a roupa.
Minha mãe, a bença!
Boi da cara branca!

Nhá Didi,
vamos ao cinema, pipoca moderna.
Lê esse livro, raspa uma maçã.
No mês de fevereiro, sai da Guaiúba, mulher
e não te enamores.
Proíbo esse casório.
Volta! Não vás!
Ó, meu pulmão...
Minha mãe, a bença!
Boi da cara branca!
Boi da cara branca!

Nhá Didi,
conta tua história, vem me ninar.
Como amanheceste aqui?
Tinhas medo do Mapinguari?
E dos tratores e dos cabras?
Desde menina
(pica mais essa cebola)
na sina das navalhas...
– Desce comigo, me ajuda com esse peso.
– Agora não...
Minha mãe, a bença!

Nhá Didi,
que corte é esse na perna? É mãe d'água.
E o coração? Assim, no chão, levado.
E a profissão? Pintando giz, gastando salário.
E a cosquinha? À Caipora, o fumo das senhoras.
E as rodinhas? Bicicleta de adulto, boi da cara branca.

A bença, minha mãe.
Vou pro Rio, não volto mais.
Vinte anos passados, suco de limão.
Um já vai, só faltam dois.
Boi da cara branca...

Nhá Didi,
minha mãe,
a bença!

SHOPPING CENTER

este cheirinho estático de coisas que nunca nasceram
este sol que mal se impõe
stop center.

PENEIRA

no buraco do céu
não passam camelos
mas não te preocupes
com a gordura esotérica:
ela também não passará.

O ESCURO

Ninguém se amedronta de escuro.
Cabe à imaginação mal resolvida,
às coisas oblíquas, paradoxos,
à transfusão do que os sentidos
possam alcançar com o inexplicável
suspense de Deus.

O escuro não tece solidão:
– É conterrâneo silencioso.
Provoca a parte de trás do pensamento,
a comunhão da fragilidade dos povos
por um instante sem poder.

A natureza em sua forma mais íntima.

BULA DA TEIMOSIA

é recomendado
pequena dose diária
medida certa
muito precisa
contraindicado
para otimistas.

O FUTURO

é a cenoura
eu sou o cavalo.

PROCURA-SE ABRIGO

more comigo.

NOT KIDS ANYMORE

it
all
starts
with a
little
dot.

suddenly
we are not
kids anymore.

42

o segredo
da vida
é: ela
acaba

EXÍLIO DO QUIXADÁ

Nem sempre houve Fortaleza ou São Paulo.
Nunca mais o acordar com pássaros...
– Bem-te-vi!
– Nem te vi!

Meus traumas foram chocados no Quixadá,
pedaço de infância
que calei um tempo,
certo de que o abandono voltaria a me assombrar nos fins de tarde:
– Adeus, adeus...

Os edifícios pequenos, pedras intensas, casas marcadas,
um azulzinho imenso, o verde sem vida,
mormente o amarelo tolo e o rosa suado
de um tal Alto São Francisco.

As noites de sábado, longas feirinhas sem graça.
A praia matinal pelo pôr do sol na varanda.
Olhando a calçada,
olhando o porco
passar a calçada;
olhando, enfim.

– Mas, deixa de prosa!
– Cabra safado, cabra safado!
(Minha essência sertaneja despertava)
A longínqua terra mostrava os dentes,
lutava como São Jorge contra o demônio burguês
que impregnava:
– Bora, filho, compra um brinquedo pra mim.
Compra um pôster do Senna pra mim.
Compra-te inteiro pra mim.

Uma velha chupando os dedos sujos de cabidela,
o telhado vermelho queimando.

Até o inferno tinha pena de nós ali.
O gosto amargo de um beijo no lixão,
luxo que o pai varreu a vida inteira com pesar engenheiro
e seu capacete de prélio e três ou quatro rolos
de papel embaixo do braço direito,
os pelos eternamente banhados;
até o inferno tinha pena de nós ali.

O Quixadá me tornou menos irmão do que eu podia ser.
Eu mal enxergava quando sorriam,
quando me queriam como quem quase não fui.
Ao anoitecer, o irmão do meio seguia meus passos
na Praça da Matriz, quando Senna tornou-se
apenas um adesivo na banca de revistas:
– Arre, sai daqui!
E afastei a mão, o caderno, o pão,
o lugar no banco da frente.

Já fui mau, sincero lobo,
um podre, um serzinho.
Meu reinado costurado à duras alfinetadas.
E nem percebia o retirante ocupando meu trono, sorrateiro,
sabotador, degolador à meia-noite.
– Sal no sapo! Sal no sapo!
O sapo inchou e estalou.
Sua explosão foi avistada por toda a redondeza pela molecada.
– O sapo-rei morreu! Ha! Ha! Ha!
Meu Deus, o sapo-rei era eu.

Me trocaram o Boulevard 13 de Maio pelo quintal de rocha.
Humilde, humilhado sob os monólitos que escondem
áridas verdades.
Esquecido após o toque de recolher,
eu esperei, eu sentei, eu chorei,
e esperneei até que um qualquer me levasse.

Tu foste duro comigo, Quixadá,

como é duro o sol no couro dos não-tapuias.
Custou-me acostumar a costela magra,
os bois habitando os ladrilhos;
a urbanidade afogou-se no Cedro
tão logo pus os pés-pedregulho
à firmeza escaldante,
tão logo inalei numa fungada o ar seco e venoso
que subia das saias coloridas de algumas mulheres.

Desaprendi a amar com Madalena
e, pela primeira vez, vi-me pecador.
– Mas eu sou o Senhor...
Na Serra do Estevão, me isolei.
Impuro, incompleto.
– Que cidade ingrata! Que terra rude! Inato!

Israel, meu melhor amigo.
Morríamos de medo da mandingueira
que rondeava a Escola:
apenas uma pobre faxineira.
Os gatos espectrais anotavam as traições
à luz dos postes,
os poucos postes de Quixadá.

Certa vez, contrariado,
após festejar entre partidos políticos,
escondi-me no carro,
retirei o freio de mão que me negava Fortaleza.
Ponto morto para pegar o embalo, esquerda, direita;
deixar de ser *voyeur* da vida.
Os pneus rolaram ladeira abaixo,
a cerca quebrou, o mundo ruiu.
Os homens do racha passavam naquela hora.
Com *éguas* e *arres* apontados pra mim,
minha mãe explicou tudo, diplomática.
Corri, me tranquei num baú que jazia no corredor
e de lá, ainda hoje, não saí por inteiro.

As moscas competiam a fartura conosco
e o galo cantava toda madrugada,
uma, duas, três vezes, igual o Padre falava,
e eu despertava já suado, peregrino inverso,
e pulava para o quarto dos meus pais,
cavando um lugar ao centro de dois universos.

Galinha choca, bico de arara.
Minha alma evapora, entrega as cartas:
dá-me de comer,
traga-me teu mar.

Os seios peitados, os beiços rachados,
olho d'água, chalé da Pedra do Cruzeiro,
rezando pra Raquel de Queiroz soprar um talento.

Proletariado: 94, as calçadas vermelhas.
Meus pais elegantes na Praça lotada.
Mais tarde, na varanda de algum doutor:
— Vai, meu filho, diz alguma coisa.
(nada)
— Vai, tá tudo bem.
(ele sorria — tomei fôlego)
— Por que você não tem um dedo?
Me respondeu com a mágica do polegar que some.
Risos. E demorei a voltar a dizer o que penso
quando confrontado. A casca eu só abandono
quando somem predadores e urubus
no meu horizonte.

— Papai, por favor, hoje não vá trabalhar!
Papai precisa trabalhar
pra botar comida na mesa.
— Te dou minha mesada, se você não for.

(Já não sabia
se queria fugir,
se a capital me receberia

com garras ou cafunés:
quem eu ainda queria ser?)

Quixadá nunca me deu tchau,
nem a brevidade de um até já
ou a garantia de um até logo.
Era tudo o que eu desejava
ao tocar o seu solo:
regresso sem marcas.

O adeus amigo acenando o futuro,
me botando de pé, me dizendo
preu não temer o escuro.

AGRADECIMENTOS

Gustavo Abreu, Luís Otávio, Gustavo Zeferino, Lorena Camilo e Thereza Christina, que me fizeram sentir sinceridade e segurança nesse trabalho.

Ana Paula Verissimo, Fernanda Couto, que sorte a minha. Cinthia Medeiros, que lia meus textos para O Povo e pedia mais. Ana Paula Rabelo, minha primeira opinião. Marina Brasil, pela afetuosa atenção.

Filipe de Melo, Daniel Brandão, Marcelo Mapurunga, Davi Serrano, Marcos Hermes, Gabriel Pinheiro, Italo Azevedo, Davi Cartaxo, tamo juntasso. Felipe Kautz, Mo Boaventura, Tiago Caviglia, Tomaz Maranhão, a parceria de vocês me deixa bem na fita. Cesinha: *o medo é o assassino da mente*. Rafa, Denor, Caio, Nicholas, amo vocês pra sempre.

Allan Dias Castro, pelos toques, pela presença. Bráulio Bessa, Gustavo Lobo, que vontade de me sentar numa calçada de Alto Santo e conversar até o poste acender. Gregorio Duvivier, já ri muito contigo, já me emocionei também, dessa vez foi pessoal, obrigado. Hernan Paganini, *amor y luz, hermano*. Monja Coen, que honra você por aqui; mãos em prece.

Didi, Vitor, Paulinha, Pai e Mãe, boa parte desse livro e da minha vida é de vocês. Lucas, Davi e Felipe, meu abraço mais infantil. Vó Conceição, se eu trago um pingo de humor, ele é teu. Vó Lúcia, herdei teu silêncio. Nuno e Claudia, meu veleiro, minha casa da serra, minha caminhada de Santiago de Compostela; letras e entrelinhas.

Estou em boa companhia.

editoraletramento
editoraletramento
grupoletramento

editoraletramento.com.br
company/grupoeditorialletramento
contato@editoraletramento.com.br

casadodireito.com   casadodireitoed   casadodireito

Grupo Editorial
LETRAMENTO